ALS ICH MAL

Joke van Leeuwen

ALS ICH MAL

Aus dem Niederländischen von
Hanni Ehlers

Das ist meine
Vorderseite.
Ich heiße Deef.
Für den Namen
kann ich nichts.

Das ist meine
Rückseite.
Die kann ich selber
nicht sehen.

ALS ICH MAL WAS MALTE

Einmal wollte ich was malen.

Aber ich wusste nicht, was.

Lass dir mal was einfallen, sagte meine Mutter (sie malt nie was).

Ich dachte mir was aus.
Ein Bild von meinem Vater.
Aus dem Kopf gemalt.
Mein Vater wohnt nämlich nicht bei uns.
Ich konnte ihn mir also nicht angucken.
Bei mir im Kopf sah er ganz toll aus.

Aber was ich malte, sah gar nicht wie mein
Vater aus.

Ich fand mein Bild misslungen.
Da hatte ich keine Lust mehr zu malen.

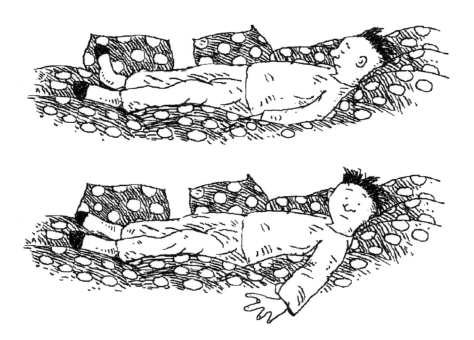

Plötzlich stand das Männchen, das ich gemalt hatte, vor mir.
Das misslungene Männchen.

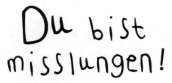

Und das ist deine Schuld!

Das Männchen kletterte über meinen Ärmel
und mein Ohr auf meinen Kopf, setzte sich da hin
und zog mich an den Haaren.
Das merkte ich fast gar nicht.

Komm mal her, sagte ich.
Ich nahm das Männchen in die Hand.
Da saß es wie in einem Sessel.
Das Männchen, das nicht wie mein Vater aussah,
fing an zu weinen.

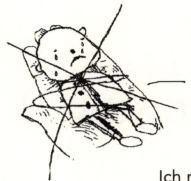

Warum hast du das getan? Wärst du etwa gern misslungen?

Ich nahm das Männchen mit zum Tisch, an dem ich gemalt hatte.
Ich legte es wieder auf das Blatt Papier, wo es hingehörte, und radierte das Kreuz aus.

Wo du schon dabei bist, sagte das Männchen, könntest du mir gleich neue Schuhe geben und viele Locken auf dem Kopf.

Ich malte ihm Schnürschuhe.
Und viele Locken auf dem Kopf.

Das Männchen wollte noch mehr.
Es wollte noch zwei Arme.

Vier Arme kann ich gut gebrauchen, sagte es. Da kann ich mehr tragen.
Ich malte ihm noch zwei Arme dazu.
Das Männchen sagte:

Jetzt bin ich gelungener als du, denn ich habe vier Arme und du nur zwei!
Und ich habe Locken und du nicht!
Und ich habe neue Schnürschuhe und du nicht!

Hör auf!, rief ich.

Sonst radiere ich dich ganz aus!

Danach hab ich meine Mutter gefragt, ob ich neue Schuhe kriege.
Aber sie fand das unnötig.

ALS ICH MAL EINE TAUBE FAND

Einmal fand ich eine Taube.
Sie saß hinter einem Mülleimer.

Hallo Taube!

Ich wusste nicht,
ob die Taube ein
Männchen oder
ein Weibchen war.
Das ist bei Menschen leichter zu sehen
als bei Tauben.

Sie flog nicht weg, als sie mich sah.
Vielleicht war sie
viel zu müde dafür.

... keuch ... keuch

Ich hatte mal gehört,
dass Brieftauben genauso
schnell sind wie ein Auto
auf der Autobahn.
Und dass sie in einem Röhrchen
am Bein Briefe austragen.

Ich fragte mich, wie sie wissen können, wo die Briefe hinmüssen.
Aber sie wissen das wohl ganz genau.

Ich brachte die Taube zu mir nach Hause und setzte sie in einen Karton. Ich musste ihr noch einen Namen geben.

Hier saß sie drin.

Ich will das Tier nicht hier drinnen haben, sagte meine Mutter.

Darum stand die Taube draußen neben der Küchentür. Sie bekam Brotkrümel und Wasser.
Ich sagte ihr, dass sie Briefe für mich austragen sollte.
Aber zuerst durfte sie sich ausruhen.

Aus einem leeren Tablettenröhrchen machte ich
ein Briefröhrchen.

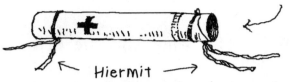

Aus so einem Röhrchen musste
ich in der Schule mal eine Vase
machen, zum Muttertag.
Die konnte meine Mutter aufhängen.
Das hat sie auch gemacht,
weil ich sie ihr geschenkt hatte.
Die Vase war aber doof.
Da passte nur eine Blume rein.
Und wenn sie der Wasser gab,
lief die Vase gleich über.
Der nasse Fleck an der Wand
wurde immer größer.
Darum legte meine Mutter die Vase
doch lieber in den Schrank.
Aber weggeworfen hat sie sie nicht.
Weil ich sie ihr geschenkt hatte.

Über den Fleck an der Wand hängte sie ein Bild.
Das hatte ich ihr auch geschenkt.

ein Fleckmännchen für Mama

Ich schrieb Briefe.
Kleine Briefe.
Sie sollten ja in das Röhrchen passen.
Adressen brauchten nicht drauf, weil Brieftauben einen untrüglichen Orientierungssinn haben.
Das hatte ich irgendwo gelesen.
Was das genau bedeutete, wusste ich nicht, aber wohl, dass sie genau wussten, wo es langging.

Ich schrieb vier Briefe.

Lieber Lesebuchmacher,

ich finde Ihr Buch nicht schön. Vor allem die Bilder nicht. Die finde ich misslungen.
Wenn Sie so was malen, kann ich nicht sehen, ob das eine Nuss ist oder ein Hut oder eine Qualle.

Gruß Deef

Lieber Meister,

ich habe gehört, dass Sie Rückwärtswurfmeister sind. Wie geht Rückwärtswurf?
Im Internet finde ich nichts darüber.
Ich möchte auch Rückwärtswurfmeister werden.

Vielen Dank.

Liebe Wetterfrau,

können Sie etwas gegen Orkane und so machen? Oder können sie nur davor warnen? Dann warnen Sie bitte rechtzeitig, denn ich will nicht wegwehen.

Vielen Dank schon mal.

Hallo Präsident,

ich habe gehört, dass in Ihrem Land Krieg ist. Jetzt kommen Menschen zu uns, weil ihr Haus kaputt ist. Hätten Sie etwa gern ein kaputtes Haus? Nein, oder? Also!

Gruß Deef

Sie waren klein genug, um in das Röhrchen zu passen.

Am besten band ich das Röhrchen mit den Briefen der Taube schon mal ans Bein, wo sie noch müde war, dachte ich.

Aber die Taube war weg!
Sie hatte nicht auf meine Briefe gewartet!
Sie war wohl nicht mehr müde gewesen.
Meine Mutter sagte:
Vielleicht hat die Katze sie gerissen.

Ich fand es nicht schön, dass sie das sagte.
Gerissen.
Das Wort tat mir weh.

Sie sollte meine
Briefe zu vier
Adressen bringen,
sagte ich.

Meine Mutter sagte:
Brieftauben können nur zu einer
Adresse fliegen.
Nur zu dem Schlag, wo sie
zu Hause sind.

Darum blieben die misslungenen Bilder in meinem Lesebuch drin.
Und ich kriegte nicht zu wissen, wie ich Rückwärtswurfmeister werden konnte.
Und die Wetterfrau kriegte nicht zu wissen, dass sie mich warnen sollte.
Und es war immer noch irgendwo Krieg.

Aus dem Karton hab ich eine Garage gemacht.
Die fand ich selbst ganz gelungen.

ALS ICH MAL WAS WERDEN MUSSTE

Einmal sagte jemand, dass ich mal was werden muss. Ich fand, dass ich schon was war, aber das zählte wohl nicht.

Ich bin auch was geworden,
sagte meine Mutter.

Ich dachte darüber nach.
Feuerwehrmann wäre was,
dachte ich zuerst.
Da war man ein Held,
dachte ich.
Aber im Feuer musste
es ziemlich warm sein, wenn
der Kopf so angezogen war.

Im Internet sah ich, dass es einen Haufen Berufe gab.
Berufe, von denen ich noch nie gehört hatte.
Podologe zum Beispiel.
Oder Muldenhauer.

Darum dachte ich nie:
Ich könnte ja mal Muldenhauer werden ...
Weil ich ja nicht wusste, was man da machen musste.

Forscher war auch ein Beruf, sah ich.
Forscher wäre was, dachte ich.
Ein Forscher muss natürlich
alles Mögliche erforschen.

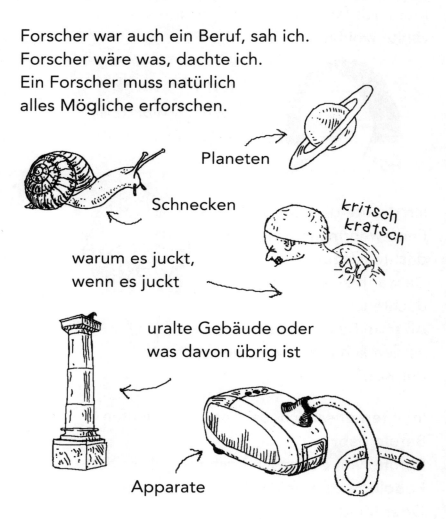

Planeten

Schnecken

kritsch kratsch

warum es juckt,
wenn es juckt

uralte Gebäude oder
was davon übrig ist

Apparate

Solche Apparate darf er natürlich auseinandernehmen.
Sonst kann er sie ja nicht erforschen.
Er muss sie nicht selber wieder zusammensetzen,
weil es dafür bestimmt einen anderen Beruf gibt.

Ich wollte gleich mit dem Forschen anfangen.
Weil Planeten zu weit weg waren, kamen zuerst meine
Hände dran. Die erforschte ich ganz gründlich.

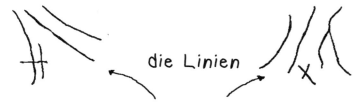

die Linien

in meiner linken Hand   in meiner rechten Hand

Ich fragte mich, warum eine Hand fünf Finger hat
und nicht vier wie in vielen Comics.

Mein Vater hatte mal
elf Finger gehabt.
Als er geboren wurde.
Den elften Finger hat man abgemacht.
Ich begreif nicht, warum.

Mit elf Fingern kann man doch besser greifen.

Wenn man zwanzig
Finger hätte, wär das
aber schon doof.
Die kämen sich dann
zu sehr in die Quere.

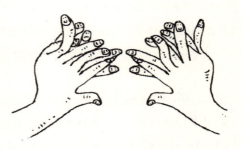

In einem Schrank fand ich ein Vergrößerungsglas.
Mit dem hab ich ganz kleine Sachen erforscht.

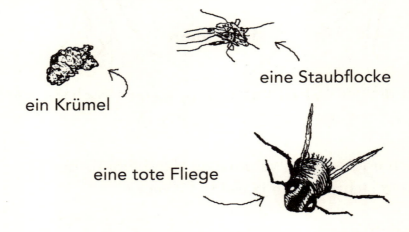

ein Krümel

eine Staubflocke

eine tote Fliege

Ob eine lebendige Fliege weiß, dass sie ganz
klein ist?
Oder findet sie sich ganz normal?
Und ob sie Staubflocken und Krümel auch gar
nicht klein findet?

Ich erforschte auch noch einen Apparat.
Es war eine alte Uhr.

Was tust du denn da?!,
rief meine Mutter.

Ich hab die Uhr erforscht, weil ich mal Forscher werde.

Die Uhr war aber gar nicht kaputt, es war nur keine Batterie drin! Jetzt setz sie mal schön wieder zusammen!

Das musste ich nicht, fand ich.
Das war ein anderer Beruf.
Und so was wollte ich nicht werden.

Ich hab dann noch andere Sachen erforscht.
Weil ich immer noch Forscher werden wollte.

Oder doch lieber Feuerwehrmann?

ALS ICH MAL DEN BUS VERPASSTE

Einmal verpasste ich den Bus.

Sei ja pünktlich, hatte meine Mutter gesagt.

Aber ich musste noch andere Schuhe anziehen und eine andere Tasche suchen, weil meine eine Tasche zu klein war für meine ganzen Sachen, und kurz was essen und kurz was aufschreiben, was ich nicht vergessen durfte, und kurz aufs Klo gehen und kurz meine Zähne putzen und kurz rausgucken, weil ein Feuerwehrauto vorbeifuhr,

und darum verpasste ich den Bus.

Ich stieg in den nächsten Bus.
Der fuhr dieselbe Strecke wie der, den ich verpasst hatte.
Das dachte ich jedenfalls.
Aber sicher war ich mir nicht.
Vielleicht hatte der Fahrer vom ersten Bus ja zu den Leuten, die mitfuhren, gesagt:

Ich hätte Lust, mal anders zu fahren.
Wollen wir das machen?

Und alle Fahrgäste waren einverstanden.
Sie riefen bei ihrer Arbeit oder zu Hause an und sagten, dass der Bus anders fahren würde und sie nicht wussten, wann sie da sein würden.
Der Bus fuhr weiter, bis sie im Ausland waren.
Alle riefen:

Das hätten wir nicht gedacht!
Dass wir heute im Ausland sein würden!

Da gab es eine riesige Rutsche.
Alle rutschten auf ihr runter.
Und als sie unten waren,
konnten sie nicht
mehr rauf.

Sie landeten in einem Urwald und sagten ganz zufrieden:

Das hätten wir nicht gedacht!
Dass wir heute in einem Urwald
sein würden!

Sie hatten schon Angst, dass da Löwen waren, aber die waren zum Glück nicht da.

Dafür aber andere fremde Tiere.
Die hatten sie noch nie gesehen.

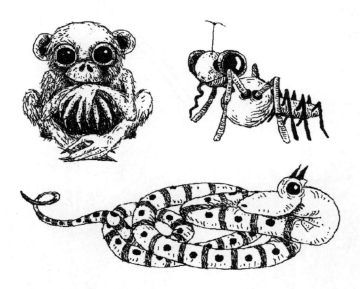

Auf einer Lichtung im Urwald landete ein kleines Flugzeug.
Die Leute aus dem Bus sagten zum Piloten,
dass sie raufmussten, weil da der Bus stand.
Und er nahm sie in dem kleinen Flugzeug mit.
Alle riefen:

Das hätten wir nicht gedacht!
Dass wir heute in einem Flugzeug
sitzen würden!

Das kleine Flugzeug landete neben dem Bus. Und der Busfahrer fuhr ganz dahin zurück, wo sie hergekommen waren.

Ich weiß nicht, ob es so war.
Ich saß ja nicht in dem Bus.
Ich hatte ihn verpasst, weil ich erst noch kurz andere Schuhe angezogen hatte und meine Sachen in eine andere Tasche getan hatte und kurz einen Keks und eine Banane gegessen hatte und kurz etwas aufgeschrieben hatte, was ich nicht vergessen durfte, und kurz aufs Klo musste und kurz meine Zähne putzen musste und kurz das Feuerwehrauto anguckte.

Man weiß nun mal nicht,
wie es gewesen wäre,
wenn es anders gewesen wäre,
als es gewesen ist.

Also wenn ich nicht …
… sondern wenn ich …
… wäre es …

… oder gerade doch …
… dass ich dann …
… äh …

… ich weiß es nicht …

ALS ICH MAL WAS SCHÖNES MACHEN SOLLTE

Einmal sollte ich was Schönes machen.
Mit meinem Vater.
Mein Vater wohnte woanders.
Immer wenn ich bei
ihm war, sagte er:

> Wollen wir was
> Schönes machen?

mein Vater

Meine Mutter
fand das unnötig.
Sie sagte:

> Man kann im Leben
> nicht immer nur was
> Schönes machen.

Aber manchmal kann man schon was Schönes
machen.
Mein Vater und ich hatten schon oft was
Schönes gemacht.

Eis gegessen

im Boxauto gesessen

Und wir waren auf einem Kinderbauernhof.
Früher dachte ich, auf
einem Kinderbauernhof
wären der Bauer und
die Bäuerin selber Kinder.

Hallo, ich bin der Kinderbauer.

Und da dürften nur
Tierkinder wohnen.
Ohne ihre Eltern, weil die
auf den Erwachsenen-
bauernhof gehörten.

Mit meiner Mutter mach ich auch manchmal
was Schönes.
Als meine Eltern noch zusammen waren, haben sie
nie mehr was Schönes miteinander gemacht.
Sie konnten nicht normal miteinander reden.
Es kann auch lustig sein, nicht normal zu reden.

Aber bei meinen Eltern war das nicht lustig.
Sie riefen:

HÖR AUF!

aber keiner von ihnen hörte auf.

Dann bekam ich einen schönen Koffer für wenn ich
zu meinem Vater fuhr.

Wenn ich den Koffer zu Hause
bei meiner Mutter aufmache,
sehe ich meinen Vater
in Klein drin, wie er
mir zuwinkt.

Meine Mutter hatte
dann einen Freund.
Der saß auf einmal im Wohnzimmer.
Er sagte:
Hallo, ich bin der neue Freund deiner Mutter.
Er sah gar nicht neu aus.
Sein Haar war schon grau.
Er sah mich an, als ob er sich freute, dass es mich gab.
Er sagte:
Wie findest du das?
Ich wusste nicht, was ich sagen sollte.
Er würde wohl nicht wieder gehen, wenn ich
sagen würde:
Ich bleib lieber mit meiner
Mutter allein ...
Ich wusste ganz oft nicht, was ich finden sollte.

Wie findest du, dass die Erde rund ist?

Wie findest du, dass du was finden kannst?

Ich wusste nicht, was ich zum neuen Freund
von meiner Mutter sagen sollte.
Also erzählte ich, dass ich es schön fand,
was Schönes zu machen.
Und dass ich mit meinem Vater oft was Schönes
machte.
Und mit meiner Mutter manchmal auch.
Wie schön, sagte er.

Ich bin dann an dem Tag mit meinem Vater im Zoo gewesen.
Da waren noch mehr Väter.
Wir sind lange bei den Erdmännchen stehen geblieben.
Die guckten immerzu nach links, nach rechts, nach links, nach rechts, als hätten sie Angst, dass ein gefährliches Tier kommt.

Das kam aber nicht.
Nur wir waren gekommen.
Und die ganzen anderen Väter und Kinder.
Wir waren alle da, um was Schönes zu machen.

ALS ICH MAL EIN WORT NICHT WUSSTE

Einmal suchte ich ein Wort.
Ich konnte es nirgendwo finden.
Es gibt über eine Million Wörter.
Und irgendwo war das Wort.
Aber wo?

Denk mal in Ruhe nach, sagte meine Mutter.

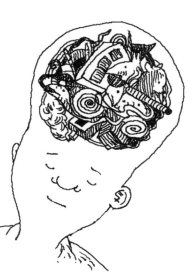

Ich konnte aber nicht in Ruhe nachdenken.
In meinem Kopf war viel zu viel los.

Ich darf nicht an so viel gleichzeitig denken, dachte ich und dachte an nur
ein einziges Wort.
Aber es war nicht das Wort, das ich suchte.
Ich dachte an das Wort **Huhn.**

Ein Huhn lief
durch meinen Kopf.
Ich konnte es
in meinem Kopf

rumspazieren lassen,

und picken

und ein Ei legen.

Meine Mutter guckte mich an.

Sie fragte: **Woran denkst du?**
Ich sagte: **An ein Huhn.**
Oh, sagte sie, **ich denke nie an Hühner.**
Ich sagte: **Jetzt schon!**
Weil wenn einer sagt, dass er nie an Hühner denkt,
denkt er ja gerade an Hühner.

Nur wollte ich gar nicht an ein Huhn denken.

Meine Mutter fragte: **Woran willst du dann denken?**
Ich sagte, dass ich wissen wollte, wie das hieß,
wenn man irgendwo hinging, um was zu machen,
und wenn man dann da war, nicht mehr wusste,
was man da machen wollte,
und dann wieder da hinging,
wo man hergekommen war,
und es dann auf einmal wieder wusste
und dann dachte, dass man das,
was man da machen wollte, eigentlich
gar nicht zu machen brauchte,
und es dann nicht machte, sondern sich hinsetzte
und an was anderes dachte, zum Beispiel
an ein Huhn.

Das war was, wofür ich kein Wort wusste.

Ich fragte mich auch, wie das wohl hieß, wenn man zu viel darüber nachdachte, was einem auf der Welt alles passieren konnte:
Überschwemmungen, Krankheiten, Autounfälle, und dass man alles selber machen musste, wenn man kein Kind mehr war, und dass niemand von der Welt runterspringen konnte.

Ich denk so drummelig.

Und ich suchte ein Wort für wenn man an einem bestimmten Tag dachte, dass man diesen Tag am liebsten ausgelassen hätte, weil er nicht so gut gelungen war, aber ihn nicht auslassen konnte, weil dann die Nummern von den Tagen nicht mehr stimmen würden.

Oder wenn man sich gerade wünschte, dass ein Tag nie aufhören würde, dass man die Zeit anhalten könnte, weil man etwas erlebte, was nie vorbei sein sollte.

Man konnte zwar die Uhr anhalten, aber nicht die Zeit.
Die lief weiter, auch wenn man sie nicht laufen sah.
Man sah es Tag und Nacht werden und wie dein Vater eine Glatze kriegte.
Daran merkte man, dass die Zeit weiterlief.

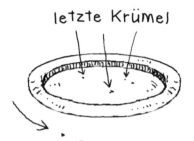

Und gab es ein Wort für wenn du morgens in die Küche kommst und siehst, dass die leckeren Häppchen aufgegessen worden sind, als du geschlafen hast?
Du hast sie am Tag vorher gesehen, durftest aber nichts davon nehmen, weil sie für den Besuch schön hingelegt worden waren.
Und keiner hat daran gedacht, dass du auch gern was von den Häppchen gehabt hättest, die es sonst fast nie gab!

Solche!    Und solche!

Oder ein Wort für wenn du etwas sagst, das nicht zum Lachen ist, und die Erwachsenen lachen trotzdem.

Meine Mutter hat abgenommen und ich hab aufgenommen. Das heißt: zugenommen. Aber auf der Waage geht es doch auf und ab und nicht ab und zu!

Was hatte ich von neuen Wörtern, wenn andere sie nicht kannten?

Da konnte ich genauso gut sagen:
Ich such ein Dings für wie-heißt-das-noch wenn du dich du-weißt-schon-wie fühlst.
Also.

ALS ICH MAL VOM DREIER SPRANG

Einmal war ich im Schwimmbad.
Ich wollte vom Dreier springen, traute mich aber nicht.

Du kannst es!,
rief meine Mutter.

Ich kann es, dachte ich.
Aber ich war noch nie vom Dreier gesprungen.
Vielleicht konnte ich noch viel mehr,
was ich nur noch nie gemacht hatte.
Zum Beispiel auf einem Seil gehen, über den Wolken.

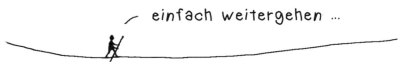

Oder Gewichtheben. einfach hochheben ...

Oder einen Roboter bauen, der aussah wie ich.

einfach bauen ...

JAJA GWNBA GWNBA
JA GWNBA GWNBABA
JAJAJAGWNBA GWN

Unten sah ich meine Mutter stehen.

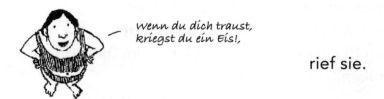

Wenn du dich traust, kriegst du ein Eis!,

rief sie.

Oh, dachte ich, also wenn ich mich NICHT traue, kriege ich KEIN Eis.

Da standen noch andere Leute, die zu mir raufguckten.
Die kannte ich nicht.
Sie nickten mir zu, um mir Mut zu machen.
Sogar unsere Königin guckte zu mir rauf.
Sie hatte keinen Badeanzug an.

die Königin

Sie sagte: *Spring. Tu es für unser Land.*
Ich begriff nicht ganz, was sie meinte.
Vielleicht musste jeder im Land vom Dreier springen können, weil er sonst nicht dazugehören durfte.
Aber es half.
Ich kniff meine Nase zu.

Ich stellte kurz meine Gedanken ab.

Und ich SPRANG!

Meine Mutter und die Königin klatschten Beifall.
Die anderen Leute nicht.
Die fanden vielleicht, dass es unnötig war zu klatschen, wenn man denjenigen gar nicht kannte.

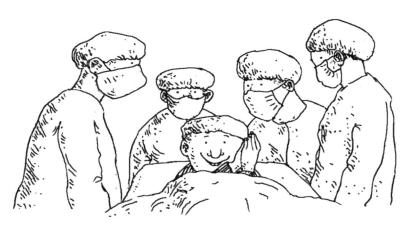

Beifall für die Operation!

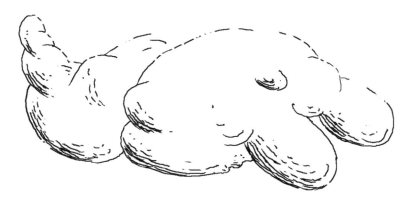

Beifall für die schönen Wolken!

Als ich aus dem Wasser kam, war die Königin nicht mehr da.
Meine Mutter aber schon.

Ich kriegte das Eis, das sie mir versprochen hatte.

Himbeere (lecker)
Vanille (lecker)

Waffel (nicht so lecker)

Als ich es aufhatte, hab ich lange nachgedacht, was ich mich noch alles gerne trauen würde.

Und das war viel.

ALS ICH MICH MAL NICHT ENTSCHEIDEN KONNTE

Einmal wollte meine Mutter was Schönes mit
mir machen.
Ich sollte mich zwischen Kino und Zoo entscheiden.
Im Zoo war ich schon dreimal mit meinem Vater
gewesen.
Und ich wusste nicht, welcher Film im Kino lief.

Was möchtest du?,
fragte meine Mutter.

Beides, sagte ich,
aber das ging nicht.

Entschied ich mich für das eine, hatte ich das
andere nicht.
Entschied ich mich für das andere, hatte ich das
eine nicht.
Aber für beides durfte ich mich nicht entscheiden.
Entscheiden hieß entweder oder, fand meine Mutter.
Sie sagte: *Du musst wissen, was du willst.*

Aber das **kann** man nicht immer wissen.

Wenn ich mich für den Zoo entschied, weil ich
die Erdmännchen gerne wieder mal sehen wollte,
schliefen die vielleicht gerade.
Und dann kriegte ich sie nicht zu sehen.
Und wenn ich mich fürs Kino entschied,
lief vielleicht ein Film, den ich doof fand.
Und dann konnte ich nicht rufen:
Den möchte ich umtauschen!

Sich entscheiden müssen ist schwer, find ich.
Manchmal bleib ich morgens im Bett liegen,
weil ich mich nicht entscheiden kann, wie ich
aufstehen soll.

so

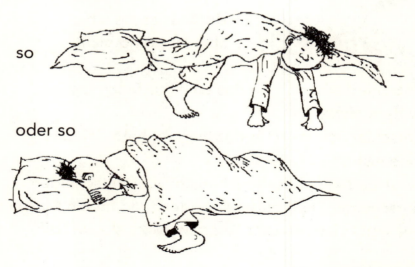

oder so

oder noch anders

Bei was Leckerem kann ich mich auch schwer entscheiden.
Am liebsten würd ich alles erst mal probieren, sonst weiß ich ja nicht, wie was schmeckt.
Aber dann kann ich mich nicht mehr für das eine entscheiden, weil ich schon alles aufgegessen hab.
Manche Sachen kann man schon umtauschen, wenn man sich falsch entschieden hat.
Oder Menschen, Menschen manchmal auch.
Meine Mutter hat meinen Vater umgetauscht.
Ich kann meine Eltern aber nicht umtauschen.
Das will ich auch gar nicht.
Aber meinen Namen hätt ich gerne umgetauscht.
Als ich ein Baby war, konnte ich aber noch nicht sprechen.
Sonst hätt ich mich beschwert.

Deef ist doof!
Tauscht den Namen um!
Und tauscht auch gleich diesen doofen Babyanzug um!

Nein, über meinen Namen konnte ich nicht selber entscheiden.
Und auch nicht darüber, wo ich auf die Welt kam.
Und ob ich ein Junge oder ein Mädchen wurde.
Oder irgendwas dazwischen.

Es gibt ganz viel, worüber ich nicht entscheiden kann.
Ich kann zum Beispiel auch nicht darüber entscheiden, welchen Lehrer ich kriege.

Könnte man das, dann hätte der eine vielleicht nur zwei Schüler und der andere hundert.

Nach langem Nachdenken entschied ich mich
fürs Kino.
Da war es ziemlich leer.
Vielleicht hatten sich die anderen alle für den Zoo
entschieden.

Der Film ging über einen Jungen, der sich
entscheiden musste, ob er bei seinem Vater oder
bei seiner Mutter wohnen wollte.
Er wollte sich aber nicht entscheiden.
Darum zog er ins Gartenhäuschen, ganz allein.

Das war ein schöner Film.
Aber ganz allein im Gartenhäuschen zu wohnen
fänd ich doof.
Da steht ja nicht mal ein Bett.

ALS ICH MAL EIN REFERAT HALTEN MUSSTE

Einmal musste ich ein Referat halten.
Zuerst wollte ich davon erzählen, was meine Mutter macht.
Sie arbeitet mit Menschen, die nur einen Arm oder nur ein Bein haben.
Aber ich hab mich dann doch anders entschieden.
Mein Referat ging über Tiger.
Tiger stehen unter Tierschutz, las ich.
Ich fragte meine Mutter, ob wir auch unter Tierschutz stehen.
Das wusste sie nicht genau.

Aber ich beschütze dich, sagte sie.

Ich wollte nicht von allen Tigern erzählen.
Sondern nur vom Java-Tiger.
Im Internet stand, dass der ausgestorben ist.
Aber vielleicht haben sich noch ein paar versteckt, die das nicht wissen.

Die Menschen von Java sind nicht ausgestorben.
Die Sprache von Java auch nicht.
Es gibt fast hundert Millionen Javaner, die Javanisch sprechen, las ich.
Hoffentlich nicht alle gleichzeitig.

Ich wollte auch Bilder zeigen, zum Beispiel das hier:

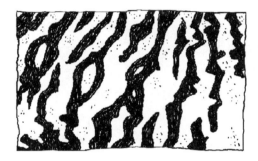

ein Teppich aus ausgestorbenem Tiger

Ich fragte mich, warum Tiere eine gemusterte Haut haben und wir nicht. Dann würden wir

so aussehen   oder so.

Ich war ein bisschen aufgeregt.
Wie ich da vor der Klasse stand, fühlte ich schnell,
ob mein Hosenstall zu war
und ich keinen Popel
an der Nase hatte.
Sonst würden alle nur
auf meinen Hosenstall
und den Popel gucken.

Alle saßen still da und hörten zu.
So gehörte es sich auch.
Wär ja doof, ein Referat für Leute zu halten,
die einfach vorbeigehen.
Die würden immer nur ein Stückchen von meinem
Referat hören.
Nur ... *weil sie im Allgemeinen* ...
oder ... *weshalb diese Tiere auf alle Fälle* ...
oder ... *sie lebten in* ...
und dann wussten sie immer noch nichts über
den Java-Tiger.

Ich sagte, dass ich Bilder zeigen würde, aber
natürlich keinen Java-Tiger mitbringen konnte,
weil der ausgestorben ist.

Als ich fertig war mit meinem Referat und die
Bilder gezeigt hatte, ging die Klassentür auf und
ein ausgestorbener Tiger kam rein.

Ein Java-Tiger.
Ich erkannte
ihn sofort.

Hallo Menschen.

Er kam zu mir und
setzte sich neben mich.
Er hat mir nichts getan.
Man kann ja nichts mehr tun,
wenn man ausgestorben ist.

Alle Kinder und auch meine Lehrerin schrien
und rannten aus der Klasse.
Ich rief: Kommt zurück! Er tut nichts!

Aber sie trauten sich nicht.
Ich stand allein in der Klasse.
Mit dem Java-Tiger.
Der sagte zu mir: Vielen Dank, Mensch.

Ich konnte ihn gut verstehen.
Er sagte das nämlich nicht auf Javanisch.
Er sagte:

Das war ein tolles Referat.
Es tut gut, wenn noch jemand
von dir redet, wo andere sagen,
du bist ausgestorben.
Vielleicht gibt es mich nicht mehr,
aber wenn du von mir redest
und an mich denkst, gibt es mich
eigentlich schon.

Dann ging er weg.
Und alle Kinder und auch meine Lehrerin
kamen wieder rein.
Die Lehrerin fand mein Referat sehr gut.
Angst hatte sie nicht mehr.
Angst hatte keiner mehr.

Alle durften mir Fragen stellen.
Aber es mussten schon Fragen über den
Java-Tiger sein.

Nicht über das ganze andere, was man sich fragen kann.
Es kam nur eine einzige Frage:

Können Menschen auch aussterben?

Ich sagte, dass Menschen, glaube ich, unter Tierschutz stehen, aber dass ich das nicht ganz genau wusste.

Und dann durften wir draußen spielen.

ALS MIR MAL LANGWEILIG WAR

Einmal war mir langweilig.

Meine Mutter sagte:
Mach einfach was.

Ich bohrte in der Nase.
Aber so was meinte sie nicht.

Kannst du nichts NORMALES machen?,
sagte sie.

Ich probierte, was zu machen.
Aber nichts Normales.

Ich wollte mal probieren, ob ich auf den Händen laufen konnte.
Das war nichts Normales, fand ich.
Wenn es was Normales wäre, würden die Leute auf der Straße ganz normal auf den Händen laufen.

Aber anderswo auf der Welt fanden die Leute es vielleicht schon ganz normal, so vorwärtszukommen.

Auf den Händen laufen konnte ich nicht.
Darum probierte ich was anderes aus.
Was, was mir gelang.

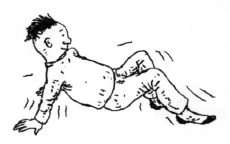

Das eine nannte ich Kreuzgang,
das andere Krebsgang.

Was machst du?, fragte meine Mutter.
Was Normales, sagte ich.

Ich setzte mir eine Mütze auf und war jemand anders.
So lief ich durchs Haus.
Ich war ein Entdeckungsreisender.
Entdeckungsreisende wussten
nie genau, wo sie waren
und was da normal war.

He, die Welt steht Kopf. ↗

He, toll für wenn es
dich in der Nase juckt.

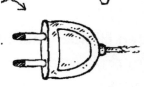

He, ein Roboter.

He, ein Bett für ein eckiges Männchen.

Eigentlich ist keiner normal, weil jeder anders aussieht.
Jedes Gesicht ist besonders.
Wenn alle gleich aussähen, wüsste man nicht mehr, wer wer ist.
Dann würde man denken: Bin ich das, der mir da entgegenkommt, oder ist das jemand anders?

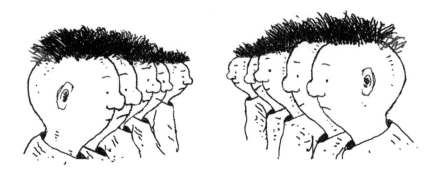

Wenn dieser andere ich wäre, dürfte er nicht
weglaufen.
Weil ich selbst dann weg wäre.

Ich guckte meine Mutter an.
Ihr Gesicht war allein ihr Gesicht.
Zum Glück.
Ich wollte keine Mutter mit einem anderen Gesicht.
Oder eine andere Mutter mit ihrem Gesicht.

Bist du froh, dass mein Gesicht mein Gesicht ist?, fragte ich.

Sie lachte nur.
Vielleicht fand sie mein Gesicht schon ganz normal.

ALS ICH MAL EINEN COMIC LAS

Einmal las ich einen Comic.
Er ging über einen Held.
Ich wollte auch gerne
ein Held sein.
Aber dazu musste ich erst
was Heldenhaftes tun
und ich wusste nicht, was.

Für mich brauchst
du nichts Helden-
haftes zu tun,
sagte meine Mutter.

Das half mir nicht weiter.

Der Held in meinem Comic besiegte die Feinde.
Er besiegte sie so gut, dass kein Feind mehr
übrig war.
Und dann ging er zum Essen nach Hause.
Er aß am liebsten Fleischklopse.

Ich dachte mich selbst in den Comic rein.
Aber immer wenn ich in ein Bild kam, war der Held schon in einem anderen Bild.

Endlich kam ich in ein Bild, wo der Held noch da war.
Er saß mit seiner Frau am Tisch.
Sie aßen Fleischklopse.

Das war schade.
Ich wollte doch auch ein Held sein.
Aber ich durfte ihn nicht fragen, wie das ging.
Ich hatte kein Pferd und kein Schwert und keine Feinde.

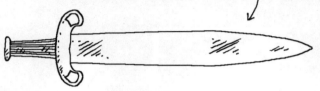

das Schwert, das ich nicht hatte

Ich fragte meine Mutter, wer unsere Feinde waren.
Sie sagte, dass ich so nicht denken durfte.

Aber ein Held
braucht doch Feinde,
weil wenn er
die tötet,
ist er ein Held.

Dann war man kein Held, sondern ein Mörder, sagte meine Mutter.
Sie fand, man war ein Held, wenn man jemanden rettete.
Oh, sagte ich.

Und dann zog ich los, um jemanden zu suchen, der gerettet werden musste.

Keiner wollte gerettet werden.
Da bin ich wieder nach Hause gegangen.
Meine Mutter stand in der Küche.
Sie formte Fleischklopse.
Sie sagte:

Da ist ja mein kleiner Held.

Weil sie kleiner Held sagte, klang es nicht besonders heldenhaft.

ALS ICH MICH MAL WAS NICHT ZU SAGEN TRAUTE

Einmal traute ich mich was nicht zu sagen.
Ich war bei meinem Vater.
Ich hatte mich gewaschen und angezogen.
Wir saßen am Frühstückstisch.

Lass uns heute mal was Schönes machen, sagte mein Vater.

Ich sagte nichts dazu.
Ich guckte das Glas
Marmelade an.
Da war eine Frau drauf,
die mich anlachte.
Vielleicht lachte sie mich auch aus.

Mir war nicht zum Lachen, eher zum Weinen.

Erwachsene hatte ich noch so gut wie nie
weinen sehen.
Nur meine Mutter einmal.

Da bin ich erschrocken.
Ich würde auch erschrecken, wenn die Leute auf der Straße alle weinen würden.

Im Fernsehen hab ich mal eine Menge Leute weinen sehen, weil ihr König tot war.
Vielleicht mussten sie das.
Vielleicht wurden sie bestraft, wenn sie nicht weinten.

Auf einmal sagte mein Vater:
Warum sagst du nichts?
Möchtest du denn nichts Schönes machen?

Ich hatte was zu sagen, was schwer zu sagen war, und darum sagte ich nichts.
Manche Sachen sind nun mal schwer zu sagen.

Zum Beispiel

Ich *bin* ve...
ve...
liebt in dich.

oder

Ich hab meine
neuen Schuhe
verbummelt.

oder

Ich finde das Geschenk
nicht so schön.

oder

Ich mag *der* Frau
keinen Kuss geben.

Also hielt ich den Mund.

Auf der Straße sah man viele Leute, die den Mund zu hatten.
Die trauten sich vielleicht auch was nicht zu sagen.
Oder vielleicht würden sie schon gern was sagen, fanden das aber unnötig.

Wissen Sie, mein Nabel ist keine Höhle, sondern ein Höcker.

Mein Vater guckte mich an.
Als ob er mitten in mich reinguckte.
Ich fühlte, wie ich immer kleiner wurde.

Zuletzt war ich so klein, dass ich fast nicht mehr zu finden war.

Ich sah eine Fliege vor mir.

Du hast ja nur zwei Beine, sagte die Fliege, und du hast nicht mal Flügel und du kannst bestimmt auch nicht an der Decke laufen. Was kannst du überhaupt? Nichts!

Ich hätte die Fliege am liebsten totgehauen, aber dafür war ich viel zu klein.

He, ich hab dich was gefragt,
sagte mein Vater.

sagte die Frau auf dem Glas Marmelade.

Da hab ich gesagt, was ich mich nicht zu sagen traute.
Dass ich ins Bett gemacht hatte.

Mein Vater sagte:
Och, das ist mir früher auch schon mal passiert.
Einmal hab ich sogar auf den Klodeckel gekackt.
Ich musste SO nötig, dass ich vergaß, den Deckel hochzuklappen.
Ich steck dein nasses Laken schnell in die Waschmaschine und dann machen wir was Schönes, ja?

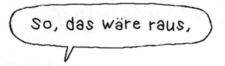

sagte die Frau auf dem Glas Marmelade.

ALS ICH MAL EIN SPIEL VERLOR

Einmal war ich bei einem Freund.
Ich kannte ihn schon eine Woche.

mein Freund ⟶

Er wohnte in einem ganz
großen Haus.
Da konnte man sich drin verirren.
Er musste immer früher ins Bett gehen als ich, weil
sein Zimmer so weit weg war.

Nun spielt mal schön,
sagte seine Mutter.

Aber das Spiel, das wir spielten, fand ich gar nicht
schön.
Seine Mutter hatte es zwanzig Jahre aufbewahrt.
Es hieß „Mensch Ärgere Dich Nicht".
Ich verlor zwei Mal.
Und mein Freund rief viel zu laut:

Ich habe gewonnen!

Ich ärgerte mich.
Gleich doppelt und dreifach:

Ich rief: Ich hab keine Lust mehr
zu den doofen Spielen
von deiner Mutter!

Ich schmiss die Spielsteine durchs Wohnzimmer.
Das Wohnzimmer war sehr groß.
Es dauerte eine Stunde, bis wir alle Steine
wiedergefunden hatten.

Ich lief mit meinem Ärger aus dem Zimmer.
Und eine Treppe rauf.

Oben waren drei Flure.
Einer ging nach links, einer nach rechts und einer geradeaus.
Ich ging geradeaus.
Und ich machte irgendeine von den Türen auf.
Dahinter saßen eine Menge Menschen, die ich noch nie gesehen hatte.
Sie murmelten komische Laute.

Grummel? Aaargh? Naaaau? Grrrrrr?

Sie sagten, dass ich ihnen helfen sollte.
Sie wollten sich ärgern, aber sie kriegten das nicht hin.
Ich sollte erklären, wie man sich mit den Augenbrauen ärgert.
Und zeigen, wie man böse aufstampft.
Ich sagte:
Man muss an was denken, was einen ärgert.
Und ich zählte ein paar Sachen auf, die einen ärgern können:
- wenn dir jemand nicht zuhören will,
- das ganze Schlimme auf der Welt,
- wenn du gewinnen willst und das nicht hinkriegst.

Sie wurden traurig.
Aber das wollten sie nicht.
Das hatten sie nicht vorgehabt.
Sie wollten böse werden.
Sich über das Traurigsein ärgern.
Ich machte schnell die Tür zu.
Sie riefen, dass ich zurückkommen sollte.
Es klang zum Glück schon ein bisschen böse.

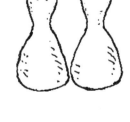

Ich wollte wieder runter.
Vielleicht gab es bei meinem Freund und seiner
Mutter was Leckeres zu essen.
Darauf hatte ich auch Lust.

was Leckeres (vielleicht)

Aber ich hatte mich verlaufen.
Ich machte wieder eine Tür auf.
Da sah ich einen alten Mann sitzen.
Um ihn rum lagen ganz viele Spiele.
Alte Spiele aus Pappe.
Mit Spielsteinen.
Der alte Mann sagte, dass er immer gewann.
Er sagte das betrübt.

Er gewann immer,
weil nie jemand da war,
der mit ihm spielen wollte.
Und gegen sich selbst
verlor er nie.

Gewinnen ist doch viel schöner als verlieren,
sagte ich.
Aber er fand, dass allein zu gewinnen kein richtiges
Gewinnen war, weil es keinen Verlierer gab.
Können Sie denn nie gegen sich selbst verlieren?,
fragte ich.
Das ging nicht, sagte er.
Er gewann immer.
Und nie war jemand da,
der das sah.

Er fragte, ob ich ein Spiel mit ihm spielen würde.
Nur, wenn ich gewinne, sagte ich.
Er würde sehr gern gegen mich verlieren, sagte er.
Aber na ja, das konnte man vorher nicht wissen.
Und bis jetzt hatte er immer gewonnen.

Ich glaub, ich geh doch lieber
wieder runter.
Wissen Sie, wo die Treppe ist?

Er sagte, dass überall Treppen waren.
Ich sollte einfach in die eine Richtung gucken oder
in die andere.

Mein Freund war noch im Wohnzimmer.
Er hatte alle Spielsteine wieder aufgestellt.
Er fragte, ob ich das Spiel noch einmal mit ihm spielen würde.
Also gut, sagte ich.

Nun spielt mal schön, sagte seine Mutter.

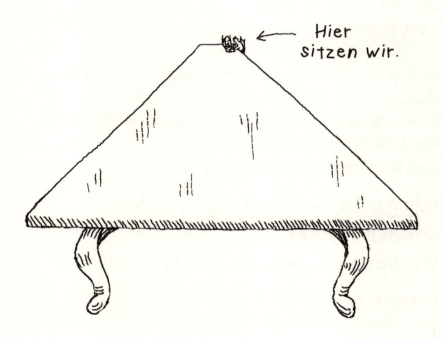

ALS ICH MAL EINEN KLUB GRÜNDETE

Einmal wusste ich nicht,
was ich wollte.
Ich wusste nur,
dass ich wissen wollte,
was ich wollte.

Fang einfach irgendwie an,
sagte meine Mutter.
Aber ich wusste nicht, wie.

Ein Huhn fängt
in einem Ei an.

Ein Tag fängt an,
wenn es hell wird.

Vielleicht musste es in mir auch hell werden.

Ich nahm ein leeres Blatt Papier.
Auf einem leeren Blatt Papier
kann nämlich viel anfangen.

Und auf einmal wusste ich was.
Ich wollte einen Klub anfangen.
Einen Klub, wo man Sachen zu wissen kriegt.
Einen Klub mit Regeln, denn Klubs haben Regeln.

DER KSWK

Regeln:
1. Der Klub wurde gegründet, um Sachen zu wissen zu kriegen.
2. Was für Sachen, müssen wir erst noch zu wissen kriegen.
3. Der Klub heißt KSWK. Das bedeutet **K**lub, wo man **S**achen zu **W**issen **K**riegt.
4. Wer mitmachen will, kann mitmachen (es kostet nichts).
5. Der Klub muss Mitglieder haben.
6. Die Mitglieder treffen sich.

Ich hatte noch keine Mitglieder.
Aber ein Klub musste Mitglieder haben.
Einer allein konnte kein Klub sein, fand ich.
Also zog ich los, um Mitglieder zu finden.

Ich hab einen Klub ...

Schön für dich, aber geh mir bitte aus dem Weg.

Möchtest du Mitglied von meinem Klub werden, wo ...

Ich bin schon in fünf Klubs.

Ich hab einen Klub, wo man Sachen zu wissen kriegt ...

Es gibt Sachen, die man besser nicht zu wissen kriegt.

Dann sah ich eine Tür mit
vier Buchstaben drauf.
He, dachte ich, meinen Klub
gibt es schon.
Vielleicht gab es ja alles
schon, was ich mir ausdachte,
weil die Menschen, die eher
angefangen hatten zu leben, auch eher anfangen
konnten, sich was auszudenken.

Ich hab was erfunden!
Ich nenn es Rud!
Nein, Rod!
Nein, Rad!

Mensch,
das gibt's
doch schon.

Ich drückte die Tür auf und
lief durch einen dunklen Gang
zu noch einer Tür.
Die drückte ich auch auf.

Da stand ich auf einer Bühne und guckte in einen Saal voller Zuschauer.
Vielleicht waren das alles Mitglieder.

Ganz vorne rief ein Mann, dass ich was sagen sollte.
Er sagte, sie hätten auf mich gewartet.
Alle.
Eine Stunde lang.

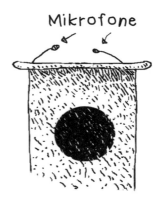

Da standen Leute im Saal auf.
Einer rief: *Ich weiß aber schon ganz viel, nämlich, nur mal als Beispiel, dass eine Schnecke acht Jahre alt werden kann, wenn man nicht auf sie drauftritt.*
Noch einer rief: *Ich weiß was viel Wichtigeres!*
Nein, ich!, rief gleich noch einer, *Was ich weiß, ist noch viel wichtiger!*

Sie zankten sich darüber, was wichtig war und was nicht.
Alle schrien durcheinander.
Ich fand das doof.
Wenn das so war, wollte ich keinen Klub mehr.

Da bin ich wieder nach Hause gegangen.
Und hab meiner Mutter erzählt, dass eine Schnecke acht Jahre alt werden kann, wenn man nicht auf sie drauftritt.

ALS ICH MAL ALLES MÖGLICHE MUSSTE

Einmal musste ich alles Mögliche.
Mein Bett machen.
Meine Hände waschen. Meine Nase
putzen. Mein Spielzeug in eine Box
 räumen. Und meine Jacke
zuknöpfen, wenn ich rausging.

Weil ich es sage,
sagte meine Mutter.

Als ich mein Bett gemacht
und meine Hände gewaschen
und meine Nase geputzt
und mein Spielzeug
in die Box geräumt hatte,
ging ich raus,
mit zugeknöpfter Jacke.

Die Leute düsten an mir vorbei.
Vielleicht mussten sie schnell irgendwo was erledigen, bevor es dunkel wurde.
Oder vielleicht dachten sie, dass die Kälte sie nicht zu fassen kriegte, wenn sie schnell genug wegliefen.

die Kälte →

Um die Ecke sah ich einen großen Jungen.
Er kam gerade aus einem Haus.
Von drinnen rief ihm einer nach, dass er nach rechts musste.
Ob er gehört hatte? Nach rechts!
Er rief: **ICH MUSS GAR NICHTS!**

Und ging nach links.
Da standen aber Gitter, da durfte man nicht durch.
Er ging trotzdem durch.

Hinter den Gittern
war ein Loch.
Da fiel der große
Junge rein.
Er fiel so tief, dass ich
ihn nicht mehr sah.
Um zu gucken, wie tief
er gefallen war, ging ich
auch durch die Gitter.
Der große Junge sagte,
dass ich ihm helfen musste.
Ich sollte eine Leiter
für ihn suchen.
Ich sagte:

Ich muss gar nichts.
Alles, was ich musste,
hab ich schon gemacht.

Der große Junge dachte tief nach.
Dann bettelte er, ob ich plies, plies, bittebittebitte,
wenn es mir nichts ausmachen würde,
eine Leiter suchen oder irgendwo holen würde,
bittebittebitte.

Ich suchte nach einer Leiter.
Hinter den Gittern waren Bauarbeiten im Gange,
aber an dem Tag nicht.
Die Bausachen lagen da und warteten auf die
Arbeiter.

Steine lagen da und Rohre und Seile.
Da stand auch ein Klohäuschen, das die Arbeiter
hinstellen konnten, wo sie wollten.
Aber wenn einer mal musste
und das Klohäuschen
war irgendwo hingestellt
worden, wo er es nicht
mehr fand, war das
ganz schön doof, fand ich.

Wo ist es hin?!
Ich muss ganz nötig!

Hinter einem Haufen Sand
lag eine Leiter.
Die schleppte ich zu dem Loch.

Sie war gerade lang genug.

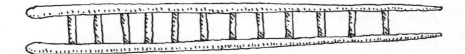

Der große Junge kletterte aus dem Loch.
Seine Hose war zerrissen, aber Risse hatte sie
schon gehabt, bevor er in das Loch fiel.
Das waren Risse, die zur Hose gehörten.
Jetzt musst du dich bei mir bedanken, sagte ich.
Weil ich es sage.
Aber das half nichts.
Er sagte: **ICH MUSS GAR NICHTS.**
Und lief weg.

Ich würde mir wünschen, dass es hilft.
Dann würde ich rufen:
Du musst mir geben, was ich haben will!
Weil ich es sage!
Du musst aufhören zu stänkern!
Weil ich es sage!
Du musst aufhören, immer weil-ich-es-sage
zu sagen!
Weil ich es sage!

Zu Hause lag meine Mutter auf dem Sofa.
Sie grinste mich an.
Ich brauch mal eben nichts zu müssen,
sagte sie.

Ich auch nicht, sagte ich.

Wir mussten gar nichts.
Wir lebten einfach nur.

Joke van Leeuwen, geb. 1952 in Den Haag, studierte Kunst und Geschichte in Antwerpen und Brüssel. Seit Ende der Siebzigerjahre schreibt sie für Kinder, seit den Neunzigern auch für Erwachsene. Ihre Bücher wurden vielfach ausgezeichnet, u. a. mit dem Deutschen Jugendliteraturpreis und dem James-Krüss-Preis für Internationale Kinder- und Jugendliteratur. Joke van Leeuwen lebt in Antwerpen.

Hanni Ehlers, geb. 1954 in Eutin (Schleswig-Holstein), studierte Niederländisch, Englisch und Spanisch an der Universität Heidelberg. Seit 1986 arbeitet sie als freie Literaturübersetzerin. 2006 wurde sie mit dem Else-Otten-Preis ausgezeichnet. Hanni Ehlers lebt in der Nähe von Lübeck.

1. Auflage 2021
Die Originalausgabe erschien erstmals 2017 unter dem Titel „Toen ik" bei Em. Querido's Uitgeverij, Amsterdam.
Copyright Text und Illustrationen © 2017 by Joke van Leeuwen
Deutsche Ausgabe Copyright © 2021 Gerstenberg Verlag, Hildesheim
Alle Rechte vorbehalten
Übersetzung: Hanni Ehlers
Satz: Oliver Schmitt, Mainz
Druck und Bindung: Beltz, Bad Langensalza
Printed in Germany
www.gerstenberg-verlag.de
ISBN 978-3-8369-6060-1